Sophie Reinheimer

Vom Himmel der Tiere

Bilder von

Else Wenz-Viëtor

LAPPAN

Über dem höchsten Berge der Welt,
wo die rosigen Wölkchen gehen,
kann der, der auf die Zehen sich stellt,
bis in den Himmel der Tiere sehen.
Auf Blumen weiß und auf Blumen rot
liegen die Tiere und leiden nicht Not.
Und willst du mit mir den Berg besteigen,
so will ich ein Stückchen vom Himmel dir zeigen.

Siehst du der Treppe goldnes Geländer?
Siehst du dahinter den goldnen Ständer?
Paß auf: Kommt im Himmel ein Tierlein an,
hängt's seinen unnützen Kram daran.
Die Schnecke ihr Häuschen,
Stockente den Stock,
Leuchtkäfer's Laternchen,
die Schlange den Rock.
Zaunkönig die Krone,
Sandkäfer den Sand,
was sollen sie damit
im himmlichen Land?
Und vor dem Himmelstore, ganz vorn,
stehn zwei Hornissen und blasen ins Horn.

»Tut! Tut! Was haben wir gesehen!
Der Maikäfer kann nicht mehr gehen.
Er zappelt auf dem Rücken rum
und schreit um Hilfe: brumm brumm brumm.
Die Beine sind ihm ausgerissen,
dann hat der Bub ihn fortgeschmissen.
Schnell, bringet her die Himmelsbahre,
daß man den Armen zu uns fahre.«

Schon kommt das Heupferd angesetzt.
Für Tiere, die so schwer verletzt,
ist noch ein Fahrweg angelegt,
vom Gießkanntierchen gut gepflegt.

Die Muschel ist der Himmelswagen,
der muß die armen Kranken tragen.
Zwei grüne Zweiglein liegen drauf.
Das Heupferd hebt den Käfer auf.
Der stöhnt so laut, hat soviel Schmerzen!
Dem guten Pferdchen geht's zu Herzen
Es zieht, so vorsichtig es kann,
den armen Brummer himmelan.

Oben erwarten ihn schon zwei Täubchen
und zwei Haubenlerchen in weißen Häubchen.
Sie heben und tragen das Käferlein
in ein Bett aus Birkenrinde hinein.
Gleich eilt auch die Löffelente herbei,
gibt ihm einen Löffel voll Arznei.
Dann darf er ein Birkenblättchen knabbern.
Da fängt sein Mäulchen gleich an zu plappern:
»Macht ihr mich wirklich wieder gesund?
Bin ich am Leibe dann nicht mehr wund?
Krieg ich auch alle sechs Beine wieder?
Dann brumm ich euch aber die schönsten Lieder!«

Die Löffelente hat viel zu tun,
sie kann bei Tag und Nacht nicht ruhn.

Fast jedes Tier muß etwas schlucken.
Der Kuckuck muß auf die Himmelsuhr gucken.
»Kuckuck! Kuckuck! Es ist höchste Zeit!
Steht der Honigtee für das Bienchen bereit?
Hat Mäuschen brav die Milch genommen?
Das Küken muß sein Ei bekommen!«

Tut! Tut! Die Wächter blasen ins Horn.
Wer läuft die Treppe herauf im Zorn?

Eine Spinnenfrau. Die ruft empört:
»Nein, sowas ist doch unerhört!
Die Minna und der alte Besen,
die sind allein dran schuld gewesen.
Ich hockte im Netze,
sah vor mich hin,
drei fette Fliegen,
die saßen schon drin.
Und an dem Rande
da zappelten zwei,
mit einem Male
war alles vorbei!
Wie hat der Besen
mich schnell erwischt!
Ob sich jetzt Minna
die Fliegen auftischt?«

»Kuckuck«, hört man es wieder schrein,
»Der Frosch bekommt sein Fliegenbein.
Er muß es aber sehr gut kauen,
sonst kann er es noch nicht verdauen.«

Der arme Frosch ist magenkrank,
vom Fasten ist er schon ganz schlank.
Ein Junge schlug ihn mit dem Stecken,
da *mußt* er ja zu Tod erschrecken!

Der Kuckuck schreit: »Mit Höhensonne
wird jetzt bestrahlt die junge Nonne.
Die kleine Fichtenkäferfrau
muß baden, kalt, in Fichtentau.«

Tut! Tut! Es ist nicht zu erzählen,
Wie sich die armen Tierlein quälen.
Schau nur nach der Treppe.
Da kommt mit der Schleppe
mühselig ein Schneckenfräulein gekrochen:

»Nun krieche ich schon seit sieben Wochen!
Wieviel Stufen sind es noch?
Zwei - drei - vier!
Die schaffe ich nicht mehr -
ich armes Tier!

Will schnell nur nochmal recht herzlich beten,
daß die Kinder nicht mehr auf Schnecken treten.«
Doch ehe sie faltet die Fühler stumm,
guckt sie sich plötzlich verwundert um.
Zwölf Heupferde bringen die Bahre. Auf Blättern
wird sie getragen, muß nicht mehr klettern.
Wie schnell das geht! Ihr wird ganz schwindlig.
»*Ihr* seid's, Frau Schnecke?« ruft es kindlich.

»Ich bin schon lange wieder gesund!
Ich fresse mich dick und kugelrund
hier auf der herrlich grünen Wiese
gleich neben dem Tieresparadiese.«
Ein grünes Räuplein guckt durch den Zaun,
die arme Schnecke kann nicht hinschaun;
erschöpft sinkt sie auf ihr Lager im Grase.
Da stubst ihr ein Löffel gegen die Nase.
»Ich bitt schön, zehn Tropfen Regenwein,
dann wird es schon morgen besser sein.«

Der Kuckuck schreit: »Das Eidechslein
muß schwitzen jetzt im Sonnenschein.
Die Stubenfliege hustet schon,
bringt ihr nur schnell das Malzbonbon.«

Der Kuckuck ruft: »Die alte Kröte
kriegt wieder ihre Fleischpastete.
Der Tausendfüßler wird massiert,
daß er nur keinen Fuß verliert!«

Das Räuplein zieht den Kopf zurück.
Auf der Himmelwiese, da wohnt das Glück.
Glückskäfer verteilen die Lose geschwind,
und jedes, jedes Los gewinnt.
Der Goldschmied kriegt einen Sonnenring,
eine bunte Schaukel der Schmetterling.
Der Schneider gewinnt ein Nadelbuch,
die Nackedei-Schnecke ein seidnes Tuch.
Die Fliege lutscht am Zuckerstängchen,
die Fledermaus hat ein Ohrgehängchen,
Und damit die Fischchen,
die kleinen,
nicht weinen,
kriegen sie alle ein Flitterkränzchen
und ein goldenes Schleifchen ums Schwänzchen.

Tut! Tut! Tut! Die Hörner erschallen.
»Ein Vöglein ist aus dem Nest gefallen.
Der Schmetterling wird auf die Nadel gespießt.
Zigeuner-Grille die Augen schließt.«

Hopp hopp hopp hopp
die Pferdchen laufen,
sie rennen sich beinahe
über den Haufen.
Nur schnelle, schnelle
zur Unglücksstelle!
Zwei ziehen den Wagen,
eins sitzt auf dem Bock,
und hinterher läuft noch
ein halbes Schock.

Das Vöglein liegt schon steif und kalt,
sie laden's auf den Wagen.
Das kostet allerhand Gewalt,
es ist nicht leicht zu tragen!
Der Schmetterling, o jemine,
Der spreizt die bunten Flügel.

Sie tuen beide ihm so weh!
Der Fuhrmann zieht die Zügel.
Fort geht es über Stock und Stein
zur Grille an den Wiesenrain.
Die Laute mit dem bunten Band,
die hält sie fest noch in der Hand.

»Auf, nehmt sie mit«, ruft da sogleich
Der Fuhrmann, »bettet sie recht weich!«

Als sie nun fahren die Straße entlang,
tönt leis und fein ein heller Klang.
Trompetentierchen ruft: »Erwacht!
Zu Ende ist des Todes Macht.«
Sie fahren in den Himmel ein.

Vöglein behielt ein steifes Bein,
kommt in ein weiches Federbett,
wird eingesalbt mit Würmerfett.
»Und Grillchen, du Zigeunerkind,
Spiel auf, mach uns Musik geschwind!«
»Das tu ich gern. Didelü didelü,
ich mach sie euch bis morgen früh!«

Das Grillchen lacht. »Dida schrumm schrumm
klirili klirili, vadabumbumbum.«
Der Löffelente wackelt das Schwänzchen.
Ach, herrlich wäre ein kleines Tänzchen!

Da schreit der Kuckuck: »Das Gurgelwasser!
Frau Nachtigall wird immer blasser.
Vergeßt mir auch das Mückchen nicht.
Wieviel ist heute sein Gewicht?

Musik, schweig still! Es ruft die Pflicht.
Da steht ja noch der arme Wicht,
der Schmetterling im bunten Kleide.
Es fühlt sich an wie Samt und Seide
Da oben drauf der rote Stein,
das wird ja ein Rubin wohl sein?
Du zitterst ja schon wie ein Alter
und bist doch noch ein junger Falter!
Tut dir der Kopf so schrecklich weh?

Komm, nimm den Löffel Blütentee,
dann darfst du wieder gaukeln
und auf den Blumen schaukeln.«
Der Kuckuck ruft: »Es schlägt halb acht.
Libelle kriegt einen Wickel zur Nacht.
Der Maulwurf muß gemessen werden.
Wer bringt das Heu den grünen Pferden?«

So ist der Tag herumgegangen.
Laternen werden aufgehangen.
Doch Ruhe gibt's noch nicht im Himmel.
Sieh, auf der Treppe, welch Gewimmel!

Aha, das sind die jüngeren Herrn,
die in der Nacht noch schwärmen gern!
Fast alle sind ins Licht gerannt,
haben sich drin die Flügel verbrannt.

Nun stehn sie da so matt und bleich
und wollen noch ins Himmelreich.
Mit ihnen macht man kurzen Prozeß,
sie kriegen eine Ölkompreß.
Getrunken haben sie genug
beim abendlichen Bummelflug.
»Seht zu, wie Ihr die Nacht verbringt!
Hier muß jetzt Ruh sein, unbedingt!«

Darauf ist auch der Kuckuck still,
weil jedes Tierlein schlafen will.

Horch, wie sie schnarchen. Nicht zu knapp!
Nun steigen auch wir zwei bergab.